Bienvenida al mundo de la belleza

Las uñas de las manos y los pies son, en gran medida, una carta de presentación. De nada vale que tengamos un maquillaje perfecto, un peinado prolijo y la vestimenta adecuada si las uñas se ven descuidadas.

Aquí hallará una serie de consejos sobre cuidado y belleza de las uñas de las manos y los pies que, le garantizo, le serán de suma utilidad. Además, el paso a paso en el procedimiento de embellecimiento de manos, con dos opciones para pintar las uñas, y las instrucciones para llevar la belleza a sus pies.

Sumario

Belleza de manos

Técnicas, paso a paso, para hacer de usted una excelente manicura.

• Uñas cuadradas, con "manicura francesa"

Comience cortando las uñas

1 El primer paso consiste en mirar atentamente las uñas para detectar irregularidades, y en caso de que sea necesario, cortarlas para unificar el largo. Debe revisar si el largo es desparejo, y en ese caso, al cortarlas, emparejarlo.

Lime hasta obtener uñas cuadradas

2

A continuación, tome la lima y ubíquela en forma paralela al nacimiento de la uña. Desplácela en una sola dirección, evitando un movimiento de vaivén, hasta darle forma recta.

Le aconsejo...

Elija la lima según el tipo de uña. Por ejemplo, existen algunas más o menos abrasivas, para uñas más o menos duras.

3

Una vez obtenida la forma recta del extremo de la uña, lime apenas los costados.

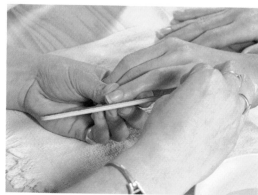

4 La tarea de limado culmina con el suavizado de los vértices de la uña, aplicando la lima en las esquinas, para redondear apenas, sin perder la forma cuadrada.

5 Cuando haya terminado de pulir las uñas, sumerja los dedos en un bol pequeño en el que habrá colocado agua tibia y unas gotas de producto ablandador de cutículas. Entretanto, comience a limar las uñas de la otra mano. Finalizada esta tarea, retire la mano que estaba en remojo, séquela bien, y sumerja en el bol los dedos de la otra.

6 Revise las uñas de la mano seca para ver si quedaron rebabas al limar y, en ese caso, elimínelas con una lima suave.

Trabaje con las cutículas

7 Aplique una porción de crema nutritiva para manos en el dorso de la mano seca.
Tome el empuja-cutículas para trabajar con el extremo sin filo y, con él, recoja una pequeña porción de la crema.

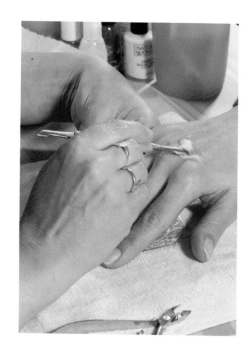

El producto que elija...

...debe ser, indefectiblemente, crema nutritiva para manos, pues es más "pesada" que otras cremas humectantes y cumple mejor la función de ablandar la cutícula.

8 Extienda la porción de crema sobre la uña, especialmente en el nacimiento. Empuje suavemente la cutícula con la herramienta.

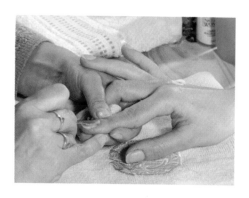

Acerca de las cutículas

La cutícula es una capa protectora de la piel que, recostada sobre la uña, impide la invasión de bacterias y hongos en la zona de juntura entre dos tipos distintos de tejidos. Por ello, si las cutículas son pequeñas, no las corte. Será suficiente con desprenderlas y empujarlas hacia el nacimiento de la uña. Si, en cambio, son grandes, deberá cortarlas tal como se explica en el siguiente paso.

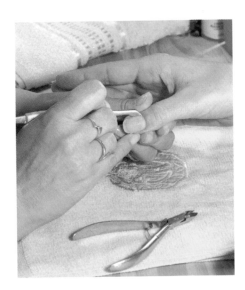

9

Con el extremo afilado del empuja-cutículas, despegue la cutícula.

Una curiosidad

Por lo general, se genera más cutícula en las uñas de la mano que más se usa. Por ende, las personas diestras tendrán más cutícula en su mano derecha, y viceversa.

10

A continuación, con el alicate para cutículas, corte la piel de los costados de la uña.

Le aconsejo...

Tenga cuidado al cortar esta piel. Si lo hace en exceso,
la zona podría enrojecerse e inclusive infectarse.

11

Una vez que terminó con las uñas de una mano, extienda la crema que ha quedado sobre el dorso realizando un delicado masaje, para suavizar la piel y activar la circulación.
Proceda entonces de igual modo con la otra mano.

12

Sumerja los dedos en un bol con agua tibia, de modo de retirar cualquier excedente de crema que pudiera haber quedado.
Perfectamente limpias y secas, las uñas estarán listas para su esmaltado.

"Manicura francesa"

13

Aplique sobre las uñas una capa de fortalecedor para endurecerlas y aumentar la adherencia del esmalte.

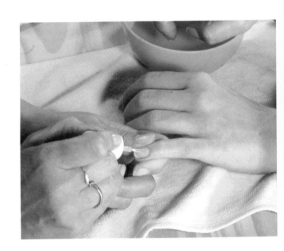

14

Aplique esmalte blanco cremoso, en un solo trazo de pincel, en el extremo de la uña.
Esta operación puede simplificarse utilizando pequeñas cintas autoadhesivas que se venden para este fin.

Importante

Debe respetar el grosor de la zona aérea de la uña, es decir, la zona que está desplazada de la carne. Ésa es la que debe pintarse con esmalte blanco. Por lo tanto, el ancho del trazo de pincel deberá cubrir por completo esta zona.

15

Para retirar restos de esmalte que pudieran haber quedado bajo la uña o sobre la piel al pincelar, pase por la zona un hisopo embebido en quitaesmalte.

16

Una vez seco el esmalte blanco, seleccione un brillo transparente o un esmalte natural, rosa pálido o blanco traslúcido, y comience a pintar cada uña aplicando una sola capa de esmalte.

Sugerencia

No aplique una segunda capa
de esmalte transparente
porque hará que se diluya el
efecto, es decir, que el blanco
no quede tan nítido.

Otra opción: en ángulo

En lugar de respetar la zona aérea de las
uñas, ascienda un poco más, en uno de
los extremos, respetando esa orientación
en todas las uñas de la mano.

• Uñas almendradas

Para la explicación de este procedimiento se desarrollarán sólo los aspectos distintivos o diferentes. Para las tareas comunes, se indicará la referencia oportuna en cada caso.

Corte de uñas y limado

1 Ver paso 1 (página 2).

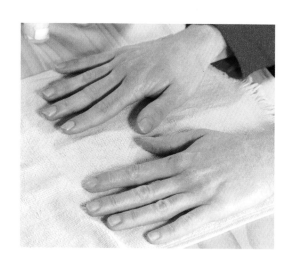

2 Seleccione la lima adecuada para el tipo de uñas, y trabaje redondeando suavemente para obtener la forma almendrada. (Tenga en cuenta las recomendaciones consignadas en el paso 2, página 3.)

Trabaje con las cutículas

3

Ver pasos 5 a 12
(páginas 4 a 7).

Fortalecedor y esmalte

4

Aplique una capa
de fortalecedor
sobre cada uña,
en ambas manos.

Seleccione un esmalte cremoso. Aplique la primera pincelada en el centro de la uña, desde el nacimiento hasta el extremo opuesto. Luego complete con sendas pinceladas los lados. Una vez que esté bien seca, no dude en aplicar una segunda capa para obtener un resultado uniforme. En el ejemplo, se pintaron las uñas con tono chocolate. Para proteger el esmalte y darle mayor luminosidad, aplique finalmente una capa de brillo transparente.

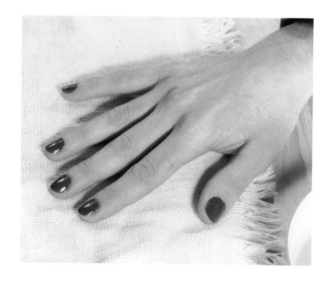

¡Clásica y moderna!

Este formato de uñas es ideal para aplicar una manicura francesa inversa: una base oscura (ébano, por ejemplo) y luego el detalle de la zona aérea de las uñas en un tono más claro (blanco, para un efecto bien contrastante).

Belleza de pies

Los pies son importantes, no sólo desde el punto de vista estético: son la base de apoyo, sobre la que descansa todo el peso del cuerpo. Mantenerlos en buen estado es, por lo tanto, fundamental.

Corte de uñas y limado

1

Acondicione los pies para comenzar a trabajar: deben estar limpios y bien secos. Revise uña por uña para verificar su largo y constatar la necesidad de cortarlas, o emparejarlas.

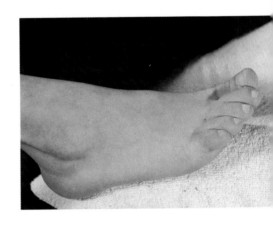

2

De ser necesario, corte las uñas con el alicate, separando cada dedo del resto. Apoye el dedo pulgar de su mano sobre la almohadilla del dedo cuya uña va a cortar y empuje levemente hacia abajo, para que el borde de la uña quede más expuesto.

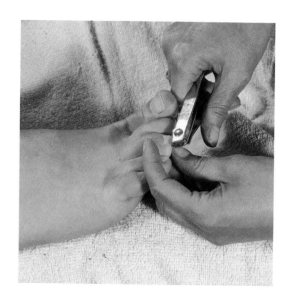

SÍ   NO   NO

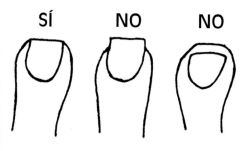

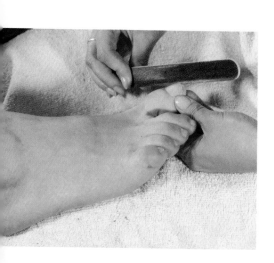

3

Lime todas las uñas de uno de los pies, tanto en el frente como en ambos costados, en forma redondeada. Con los dedos de la mano que queda libre, presione el dedo del pie por ambos lados, para que los costados de la uña queden más expuestos.

Trabaje con las cutículas

Cuando haya terminado de limar las uñas de un pie, embeba dos o tres trocitos de algodón en agua tibia con ablandador de cutículas, retire el exceso de líquido y apóyelos sobre las uñas, presionando suavemente. Deje que el agua actúe mientras se dedica al limado del otro pie.

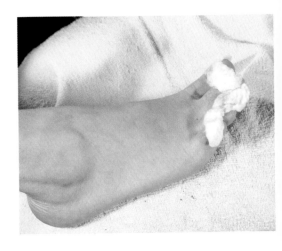

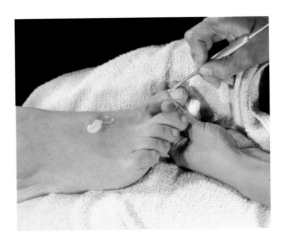

Una vez que ha acondicionado las uñas de los dos pies, y que ha dejado que el algodón embebido en agua actúe en ambos, seque bien los pies y aplique crema nutritiva para pies sobre el empeine de uno de ellos.
Trabaje igual que como se explicó en el caso de las manos, aplicando una porción de crema sobre la uña con el empuja-cutículas. Empuje hacia el nacimiento de la uña, y corte las cutículas de ser necesario.

Para las uñas gruesas

Si la uña tiene un espesor importante, puede pulir
la capa superficial y hacerla más delgada con una
lima especial, de forma cilíndrica, que se pasa por
la superficie de la uña en forma suave.

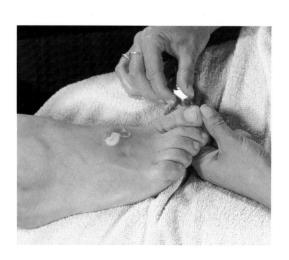

6 Con el alicate para cutículas, retire la piel de los costados de las uñas.

7

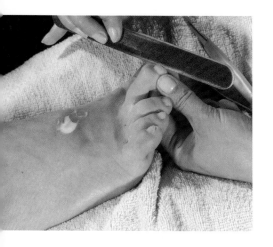

Revise uña por uña para verificar
que no hayan quedado rebabas y,
en caso de haber alguna, vuelva a
limar.
Cuando termine, extienda
la crema que ha quedado sobre
el empeine realizando un suave
masaje con sus manos.

Suavizando asperezas

8 Tome el garlopín y comience a pasarlo sobre las zonas donde haya durezas (éstas se localizan generalmente en el talón o en la almohadilla del pie). Pase la herramienta en distintas direcciones, para que el filo retire por completo la piel endurecida.

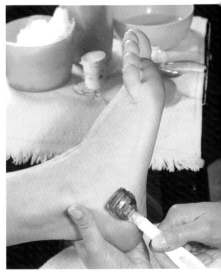

9 Después de pasar el garlopín –o si la capa de piel por retirar es delgada– aplique una lima para pies, mojándola previamente con agua tibia. Con ella puede trabajar, además, sobre las zonas que están en contacto con el calzado (borde externo del dedo pulgar, borde externo del dedo meñique, costado del talón, etc.).

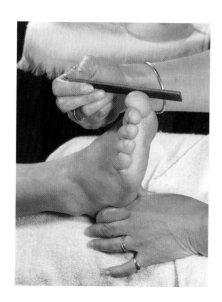

10

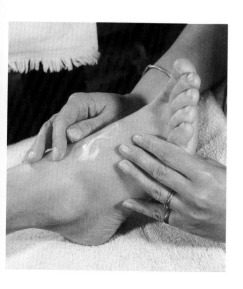

Aplique crema pédica o gel refrescante sobre el empeine, y con ambas manos extiéndala por el pie realizando un suave masaje.

Aplicación del esmalte

El esmalte se aplica, en las uñas de los pies, de la misma forma que se trabaja en las de las manos. Le recomiendo colocar entre dedo y dedo un trocito de algodón, o un accesorio separador de dedos, para trabajar con mayor comodidad.

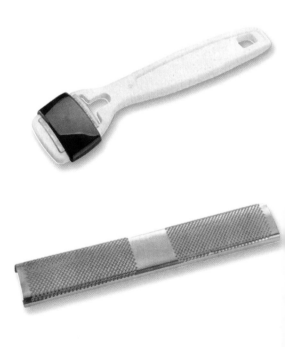

Le aconsejo...

Si le gusta pintar las uñas de sus pies con un color oscuro, déjelas descansar semana por medio pintándolas con un tono claro, o con brillo. El pigmento de los tonos oscuros —independientemente de la calidad del esmalte utilizado— suele ser absorbido por la uña, y ésta adquiere un leve tinte rosado o amarillento, que la afea. Cuando pinte las uñas de los pies con un color oscuro, aplique antes una capa de base, para protegerlas y atenuar la pigmentación.

Déjelas descansar

Le recomiendo que, un día a la semana, deje descansar a las uñas de los pies, liberándolas del esmalte.

Secretos y claves

Y ahora, consejos de belleza para manos y pies perfectos.

• Acerca de las uñas

Parte de nuestra piel

La uña es una placa córnea que se origina a partir del endurecimiento de las células de la epidermis. Se trata de un tejido vivo que, por lo tanto, se ve afectado por diversos factores, tanto internos como externos.

Al igual que el cabello, las uñas son una prolongación de la piel del cuerpo. Por lo tanto, ante la aparición de cualquier síntoma que implique deterioro –debilitamiento, descamación, manchas blancas, hongos, etc.– debe consultarse a un dermatólogo.

A modo preventivo, debe tener en cuenta que las sustancias que favorecen el crecimiento y, por ende, la fortaleza de las uñas, son el zinc y ciertos aminoácidos.

La cutícula

La cutícula es un tejido que, en forma de capa, cubre y protege a la piel en el crecimiento de la uña, una zona muy delicada irrigada por delgados vasos sanguíneos y con gran cantidad de terminaciones nerviosas.

Como cualquier tejido vivo, la cutícula reacciona ante los cambios bruscos de temperatura, el exceso de humedad y la acción de productos agresivos (jabones, detergentes, etc.). Por esta razón debe cuidársela, aplicando sobre la zona aceites hidratantes, y cortarla sólo en caso de que haya crecido en exceso y ya no cumpla su función.

Un masaje ligero sobre el nacimiento de las uñas ayudará a activar la circulación en la zona, mejorando el aspecto de las cutículas y favoreciendo el crecimiento de uñas sanas y fuertes. Realícelo con la ayuda de unas gotitas de aceite hidratante, rico en vitamina E, si es posible todos los días.

No deje de hidratar

Tanto las manos como los pies deben mantenerse hidratados para evitar el resecamiento de la piel y favorecer una correcta circulación sanguínea. Aplique cremas nutritivas especiales para cada zona, todos los días, masajeando suavemente desde el nacimiento de los dedos hasta los extremos. Intensifique la frecuencia en invierno, pues el frío y el viento son grandes enemigos de la piel.

También puede recurrir a procedimientos

especiales, que actúan en las capas más profundas de la piel, como los baños de parafina. Se realizan generalmente en salones de belleza, y consisten en sumergir las manos o los pies en parafina caliente, envolverlos con plástico, cubrirlos con toallas calientes y volver a envolverlos con plástico para conservar la temperatura. El tratamiento suele realizarse una vez al mes, ya que sus efectos son profundos y duraderos.

El aceite de oliva, un aliado natural

Para fortalecer las uñas y mantener
la hidratación de las cutículas, sumerja los
dedos durante diez minutos en aceite de
oliva tibio. Luego lave las manos
y huméctelas con crema.
Si quiere utilizarlo para eliminar asperezas en
los pies, mezcle una cucharada de aceite con
una cucharadita al ras de azúcar
y friccione la zona durante dos o tres minutos.

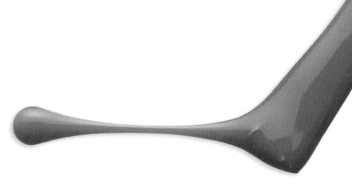

Uñas perfectas, ¿cómo y cada cuánto?

El procedimiento completo a realizar tanto en manos como en pies es, sintéticamente, el siguiente:

• Limar las uñas.

• Retraer y/o cortar cutículas.

• Eliminar la piel de los costados de los dedos.

• Pulir durezas o callosidades (en el caso de los pies, exclusivamente).

• Aplicar fortalecedor o esmalte base.

• Aplicar esmalte, cremoso o perlado.

Ahora bien, la frecuencia ideal es de una vez cada quince días, aunque hay quienes –por el tipo de tareas que realizan– necesitan efectuar el procedimiento una vez por semana, ya que el esmalte de las uñas de las manos se deteriora más rápidamente.

Uñas postizas, uñas esculpidas

Las uñas postizas, realizadas en acrílico, se adhieren a la uña original con pegamentos especiales, y no requieren mayor mantenimiento. Las uñas esculpidas, en cambio, y como su nombre lo indica, se esculpen sobre la uña original. Se usan moldes para dar el largo deseado y, a partir de una pasta acrílica, se moldea con pincel y luego se pule con torno y limas. Estas uñas esculpidas requieren tareas de mantenimiento que se realizan cada quince o veinte días, y tienen la ventaja de que protegen a la uña natural, permitiendo que se fortalezca.

¿Cómo y cuándo limar las uñas?

• Elija la lima más adecuada para sus uñas, según éstas sean duras y fuertes, o débiles y quebradizas. Hay limas de grano grueso, intermedio y fino, fabricadas en diversos materiales, por las que puede optar. Descarte las limas metálicas porque son muy agresivas. Las de cartón, aunque son las más económicas, suelen gastarse con mayor facilidad que las de plástico.

• No lime nunca las uñas después de un baño de inmersión, pues el agua caliente las habrá ablandado y corre el riesgo de que se rompan.

• Siempre debe comenzarse el proceso de limado utilizando la parte de la lima con grano grueso. Luego se volverá a aplicar la lima, pero por la parte de grano fino, para que la uña tenga un acabado prolijo.

• Acerca de los productos y las herramientas

Los esmaltes

• Prefiera siempre aquellos de buena calidad, aunque no resulten tan económicos.
Los buenos esmaltes duran más sobre las uñas y conservan el brillo por más tiempo.

• En relación con los colores, todo es cuestión de gustos, pero debe tener en cuenta que los tonos oscuros "acortan" visualmente las uñas y que, por el contrario, los claros las alargan.

• Por otra parte, si también va a pintarse las uñas de los pies, la tendencia indica que debe elegirse un tono más claro que el utilizado en las uñas de las manos o, simplemente, aplicar brillo transparente.

• Los perlados han dejado paso en el podio de las preferencias a los cremosos; actualmente también se usan los tornasolados y, para las audaces, aquellos que contienen minúsculos brillitos en su formulación.

Dígale no a los nacarados

Si sus uñas tienen superficie irregular, están estriadas o agrietadas en los bordes, evite los esmaltes nacarados o tornasolados pues destacan las imperfecciones.

El fortalecedor para uñas

• Debe aplicarlo siempre, antes de esmaltar las uñas, y después de haberlas limado y tratado las cutículas.

• El fortalecedor contiene en su formulación sustancias que protegen a la uña y, como su nombre lo indica, hacen que crezcan sanas y fuertes. Además, evita que la uña se tiña con el pigmento del esmalte.

• Tiene una consistencia similar a la del esmalte aunque su secado es mucho más rápido, y es incoloro.

La calidad de las herramientas

Para realizar su tarea necesitará tres herramientas: la lima, el empuja-cutículas y el alicate.

Cuando deba comprarlos, elija aquellos de mejor calidad aunque resulten más costosos. No olvide que las uñas y cutículas son partes delicadas de las manos y que merecen ser tratadas con elementos bien construidos y con materiales nobles.

El alicate con el que se trabaja más cómodamente es aquel que tiene el filo ubicado de costado, en forma perpendicular a las pinzas que lo accionan.

El empuja-cutículas debe poseer un extremo filoso –para despegar la cutícula– y otro similar a una espátula, de borde romo, para retraerla hacia el nacimiento de la uña.

Después de haberlos utilizado, límpielos con un trocito de algodón embebido en alcohol.

En cuanto a las limas, siempre que no sean de cartón, puede lavarlas con agua y jabón y dejarlas secar hasta volver a utilizarlas.

Materiales accesorios

El equipo de belleza de manos y pies se completa con algodón, hisopos, una o dos toallas de mano, uno o dos bols, agua tibia, cremas, geles o aceites hidratantes, esmalte, brillo incoloro, fortalecedor y quitaesmalte. Asegúrese de tener todo siempre a mano, antes de comenzar a trabajar.

Hágalos rodar

No sacuda los frascos de esmalte antes de utilizarlos. Hágalos rodar entre las palmas de las manos. Así se eliminarán las burbujas de aire y se mejorará la homogeneidad de la fórmula.

Secretos para la belleza total

La alimentación: un factor fundamental

Usted ya sabe que las uñas son tejido vivo, que se ven afectadas por factores internos y externos, y que la alimentación tiene mucho que ver con su salud.
Una dieta desequilibrada, tarde o temprano, se reflejará en las uñas, volviéndolas quebradizas.

Por eso, es importante que preste atención a la siguiente información, relacionada con la ingesta de determinados alimentos.

1) Minerales

• Calcio: hace que las uñas tengan consistencia sólida. Se encuentra en: pescados, lácteos y derivados.

• Azufre: tiene acción antiséptica y es necesario en el proceso de formación de la uña. Se encuentra en: cebolla y pepino.

• Hierro: colabora con el aporte de oxígeno a los tejidos y, por ende, hace que mejore la calidad de la uña. Se encuentra en: hígado, lentejas, espinaca.

2) Vitaminas

• Vitamina D: ayuda a fijar el calcio, combinada con la acción de los rayos solares. Se encuentra en: lácteos y derivados, yema de huevo, pescados y aceite de oliva.

• Vitamina C: tiene acción antiséptica y colabora en la formación del tejido constitutivo de la uña. Se encuentra en: cítricos y pimientos rojos y verdes.

• Vitamina A: favorece el crecimiento y hace que el tejido córneo de la uña se endurezca. Se encuentra en: zanahoria, tomate, vegetales verdes.

Seis claves para manos perfectas

1 Por más apurada que esté, no deje nunca de lado la aplicación de fortalecedor, previo al esmaltado. Ayudará a que la uña no absorba el pigmento.

2 Utilice guantes de goma cuando realice tareas en el hogar que requieran el uso de productos abrasivos.

3 Deje que el esmalte se seque completamente antes de aplicar una segunda capa. Si no lo hace así, corre el riesgo de que se marque y que tarde demasiado en secarse.

4 Es preferible que aplique dos o tres capas delgadas de esmalte, en lugar de una sola gruesa.

5 Para aumentar el brillo y que el esmalte dure más tiempo, aplique finalmente una capa de brillo transparente.

6 Si está apurada y necesita que el esmalte se seque rápidamente, puede aplicar el secador de pelo, con aire frío, o sumergir la mano en un recipiente con agua muy fría.

Seis claves para pies perfectos

1 Sumerja los pies durante diez minutos en agua caliente. Séquelos y frote las plantas y los talones con piedra volcánica para suavizar y eliminar células muertas.

2 No corte las uñas de los pies en exceso, ya que podrían encarnarse. Es aconsejable darles forma cuadrada, con las puntas apenas redondeadas.

3 Humecte los pies con crema nutritiva antes de acostarse, y póngase medias para que el calor ayude a que el producto actúe en profundidad.

4 En la medida de lo posible, utilice calzados cómodos, que se adapten a la forma natural de los pies. Evite los zapatos de punta y los tacos demasiado altos, ya que interfieren con la circulación sanguínea.

5 Todos los días masajee los pies, trabajando especialmente las almohadillas de los dedos, para activar la circulación.

6 Antes de pintar las uñas de los pies, separe los dedos con trocitos de algodón o con separadores especiales, para trabajar con comodidad.

646.727   Mercedes L. Savatoure
MER   Belleza de manos y pies. - 1ª. ed. - Buenos Aires:
         Grupo Imaginador de Ediciones, 2003.
         32 p.; 28x20 cm.

         ISBN 950-768-448-4

         I. Título - 1. Manicuría 2. Pedicuría

Fotografías: Alberto Cifarelli

I.S.B.N.: 950-768-448-4

Primera edición: 4.000 ejemplares, octubre de 2003

Se ha hecho el depósito que establece la Ley 11.723
Copyright by GIDESA - Bartolomé Mitre 3749 - Ciudad Autónoma de Buenos Aires
República Argentina
IMPRESO EN ARGENTINA - PRINTED IN ARGENTINA

Este libro se terminó de imprimir en
Verlap S.A.
Spurr 653 - Avellaneda
Octubre de 2003